Texte détérioré — reliure défectueuse

NF Z 43-120-11

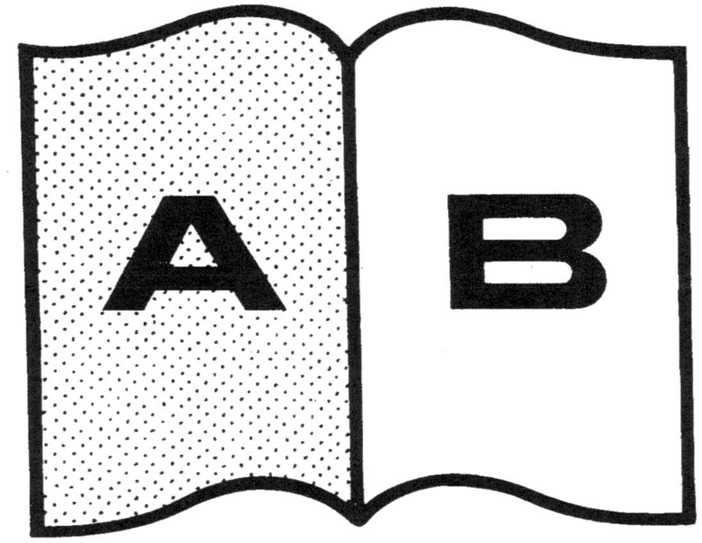

Contraste insuffisant

NF Z 43-120-14

Reliure serrée

Extrait de la
REVUE DU BAS-POITOU

La légende de saint Lienne

HAGIOGRAPHIE VENDÉENNE

PAR

L'abbé L. ROUSSEAU

Aumônier du Lycée de la Roche-sur-Yon

VANNES
LIBRAIRIE LAFOLYE
1891

Extrait de la
REVUE DU BAS-POITOU

La légende de saint Lienne

HAGIOGRAPHIE VENDÉENNE

PAR

L'abbé L. ROUSSEAU

Aumônier du Lycée de la Roche-sur-Yon

VANNES

LIBRAIRIE LAFOLYE

LA LÉGENDE DE SAINT LIENNE

Hagiographie Vendéenne

Or, en 994, la seigneurie de la Roche-sur-Yon ne possédait guère que son château, fièrement campé sur la colline ; les premiers arbres de la forêt l'isolaient du reste du pays. Quelques toits de chaume se groupaient à l'intérieur des hautes murailles, abritant les habitants malheureux, dont la vie tout entière se consumait en plaintes sur les calamités passées et en craintes pour celles à venir. C'est alors qu'Ingélénus obtint les reliques de saint Lienne, en grande vénération dans la ville de Poitiers. Près de la chapelle qui fut construite en l'honneur du saint, s'éleva un monastère et la chétive bourgade devint florissante ; les glorieuses couleurs de France brillaient sur sa bannière, elles flottaient superbes au sommet de ses murailles, semblant attendre l'ennemi et lui dire : « Tu n'iras pas plus loin. »

Écoutez maintenant, habitants de la cité yonnaise, la légende du grand saint Lienne.

Saint Lienne naquit au IVe siècle : nous ne connaissons pas le lieu de sa naissance ; tel un ruisseau bienfaisant dont on ignore la source. Il fut un des disciples de saint Hilaire, le

---

[1] Au moment où l'on vient, dans le but d'y restaurer son culte, de placer dans l'une des chapelles de l'église de la Roche-sur-Yon la statue de son ancien patron saint Lienne, nous avons pensé faire œuvre d'actualité en empruntant ce joli chapitre au tout récent ouvrage de notre distingué collaborateur, M. l'abbé Rousseau, dont nous signalons d'autre part le très vif intérêt.　　　　　　　　　　　　　　　N. D. L. D.

grand évêque de Poitiers, et fit sous sa conduite de tels progrès dans la vertu que le maître, pour récompenser la pureté des mœurs de son élève et les connaissances qu'il avait acquises dans les sciences sacrées lui conféra la dignité sacerdotale. Les belles qualités qu'il montra, dans l'accomplissement des fonctions ecclésiastiques, lui méritèrent l'affection toute particulière de son saint protecteur qui lui ouvrait familièrement son âme et lui confiait ses plus intimes pensées.

C'était le temps où l'empereur Constance persécutait les catholiques par la terreur, la confiscation des biens, l'exil et des cruautés de tout genre, s'ils refusaient d'embrasser l'arianisme. Hilaire se dressa contre l'erreur, comme un rempart inébranlable, et attira sur lui toute la fureur de l'hérésie. On lui tendit mille embûches, et il fut exilé en Phrygie. Lienne accompagna le confesseur héroïque, partageant toutes les persécutions qu'il eut à endurer pour la défense de la foi. Il le suivit à Séleucie, ville d'Isaurie, où saint Hilaire fut convoqué à un concile, puis à Constantinople, où le vaillant évêque demanda audience à l'empereur, par trois requêtes publiques, pour y défendre la vérité contre ses adversaires.

Ceux-ci, craignant d'être vaincus, sollicitèrent l'empereur de renvoyer en Gaule l'ennemi de leurs doctrines ; et Hilaire, victorieux, revint dans sa ville épiscopale, avec son disciple Lienne, qui recueillit au passage sa part des transports avec lesquels saint Jérôme embrassa le confesseur du Christ. Après le retour de son maître dans les Gaules, Lienne l'aida beaucoup à combattre et à déjouer la perfidie des Ariens.

Lienne reprit alors sa place dans le clergé de la ville épiscopale, où il était honoré de la dignité d'archiprêtre, toujours prêt à rendre au saint évêque les services qu'il attendait de son affection.

Le souvenir de saint Lienne étant mêlé intimement aux derniers instants de saint Hilaire, nous allons en traduire le récit d'après le précieux manuscrit du XI° siècle, n° 196, de la

Cliché de M. l'abbé L. Rousseau.

LA STATUE DE SAINT LIENNE
de M. FULCONIS
en l'église de la Roche-sur-Yon

PORTAIL DE L'ANCIENNE CHAPELLE DE SAINT LIENNE
à la Roche-sur-Yon.

Bibliothèque nationale, auquel il faut ajouter les manuscrits 5.296, 5.316 et 14.654, tous des XII⁰ et XIII⁰ siècles, reproduisant des auteurs de cette époque, et enfin Vincent de Beauvais (Hist. lib. XIV, c. LXI.)

A peine rentré dans la ville de Poitiers, l'admirable pontife se retira, pour se préparer à la mort, dans la maison où sa femme et sa fille avaient rendu le dernier soupir.

Cette demeure lui était chère. Il y transforma en oratoire le lieu même où sa fille expira entre ses bras. Au milieu de disciples choisis, il aimait à y passer de tranquilles heures, devisant des choses divines ; et c'est là qu'il voulut mourir. Sentant sa fin prochaine, il manda près de lui Lienne, archiprêtre de Poitiers, le confident de toutes ses pensées.

Le soleil avait disparu, depuis longtemps, derrière les collines, et la nuit étendait sur la ville le manteau argenté des étoiles. Hilaire pria son fidèle ami de sortir et de prêter l'oreille, pour savoir si l'on entendait du bruit dans la cité. Lienne obéit et revint, disant qu'on distinguait le murmure d'une foule immense. Alors, le bienheureux pontife commença avec lui un entretien suprême sur les joies de l'éternelle patrie ; il semblait y puiser de douces consolations et des forces nouvelles, comme avant le combat, le guerrier anime son courage en regardant la couronne promise à la victoire. Une seconde fois, il ordonne à Lienne d'écouter si le calme règne enfin dans la ville. Le disciple docile ouvre la porte, et annonce que tout bruit a cessé. C'était l'heure marquée sans doute par une vision céleste ; car, peu d'instants après, une lumière éblouissante pénètre dans la petite chapelle, et enveloppe, de sa splendeur, l'autel devant lequel gisait le mourant, étendu sur la cendre. Un parfum d'une suavité incomparable remplit ce lieu, mettant au cœur de saint Lienne, de saint Just et des autres clercs, accourus près du lit de leur père, une joie toute céleste.

Puis, la lumière miraculeuse s'éteint, et Hilaire apparaît mort sur le pavé du temple. C'était la nuit du 12 au 13 janvier de l'an 368.

Dès l'aurore, la nouvelle se répandit dans la cité en pleurs
Pendant trois jours, le peuple vint contempler, sur le lit funè-
bre, la figure rayonnante de son évêque. Lienne ne quitta la
mortelle dépouille du maître, qu'au moment où elle fut caché-
sous le sanctuaire de l'église Saint-Jean et Saint-Paul, dans la
crypte creusée par les soins d'Hilaire, entre les tombeaux
d'Abra, sa fille aimée, et de son épouse, dont la tradition ne
nous a pas conservé le nom.

Saint Lienne, privé de son père et de son maître, embrassa
alors la profession monastique, et devint le premier abbé de
Saint-Hilaire-le-Grand. Nous ne savons pas combien d'années
il gouverna sa communauté ; mais, d'après un bréviaire manuscrit de Saint-Hilaire-de-la-Celle, nous sommes certain qu'il
ne se borna pas à former à la vertu les religieux soumis à sa
paternelle autorité. A l'exemple de saint Hilaire et de saint
Martin, il évangélisa les peuples délaissés de la campagne.
Enfin, cédant à l'attrait qui, depuis longtemps, lui faisait
désirer une solitude plus profonde, il se retira dans le petit
couvent de Saint-Hilaire-de-la-Celle, qu'il avait probablement
fondé. Il voulait rendre le dernier soupir dans ce lieu béni,
où le sublime docteur, qu'il regardait comme un père, Abra,
la fille du saint Pontife, fleur virginale dont le parfum embau-
mait encor l'humble sanctuaire, dans les murs duquel elle
s'était épanouie dans la mort pour le jardin du ciel, où l'épouse
vénérée de saint Hilaire, avaient pris leur vol vers la demeure
éternelle.

Saint Lienne fit plus encor par ses admirables vertus que
par sa parole.

Depuis l'enfance, sa vie n'avait été qu'un chant d'amour
envers Dieu. Ainsi l'oiseau, qui doucement abrité sous l'aile
de la Providence, dit aux bois et aux vallons la chanson mati-
nale et l'hymne du soir. Sa gracieuse innocence captiva le
cœur d'Hilaire ; son humilité, son abnégation, son dévoue-
ment à toute épreuve, lui attirèrent l'estime et l'affection de
tous. Il avait quitté, pour le service de Dieu un avenir brillant

L'ANCIENNE PORTE DES VIEILLES PRISONS
à la Roche-sur-Yon.

La Roche-sur-Yon

autrefois et aujourd'hui

(Cliché de M. Iconnet).

dans le monde ; c'est pourquoi sa retraite dans le cloître
produisit une sensation profonde. Il se fit alors autour de la
cellule du bienheureux un concours pieux de fidèles, qui
venaient lui demander le secours de ses prières et de sa puis-
sance miraculeuse ; car d'éclatants prodiges avaient porté au
loin la renommée de ses vertus.

Un ange ayant annoncé à saint Hilaire sa fin prochaine,
un messager céleste apprit aussi à saint Lienne, de la part
de Dieu, le terme de son pèlerinage ici-bas et lui révéla qu'une
fièvre violente serait le signal de l'appel divin.

Le docile apôtre attendit le jour de l'épreuve, il la supporta
avec une ferveur si pleine amour, qu'il fut, depuis ce temps,
invoqué par tous ceux qui souffrent de la fièvre, que Dieu lui
donna le pouvoir de guérir. Il s'endormit, un soir, souriant à
son rêve, qu'il acheva dans les joies de l'immortalité, le premier jour de février, vers l'an 380. Son corps fut inhumé dans
l'église de Saint-Hilaire-de-la-Celle, non loin du lieu où avait
reposé, avant et après la mort, son père et maître vénéré. Il
fut aussi le premier, qui eût la dévotion de choisir sa sépul-
ture, près *du lit* de saint Hilaire selon l'expression usitée dans
ces siècles de foi naïve, où l'on considérait la mort comme un
sommeil.

*Cy-finict la légende très véritable du grand saint Lienne :
chrestïens, fäictes l'aumône d'une prière à celui qui l'escrivit.*

La ville de Poitiers, qui conserve encore de chers et nom-
breux vestiges du pontife qui fut sa gloire, a vu disparaître,
au contraire, tous ceux de son fidèle disciple. Nous espérons
faire revivre, à la Roche-sur-Yon, son culte jadis florissant ;
puissent ces humbles lignes ressusciter aussi son souvenir
vénéré, dans la capitale du Poitou. La basilique de Saint-
Hilaire possède le bras du bienheureux docteur, et nous
avons perdu les reliques de saint Lienne. Le monastère qui
gardait le tombeau du pieux archiprêtre a disparu. Un couvent de Carmélites s'élève, croyons-nous, à Poitiers, sur le
lieu qu'il occupait ; mais là du moins, les hymnes pieuses se

font toujours entendre. A la Roche, le vieux château qui
donnait asile, en son enceinte, au petit sanctuaire de saint
Lienne a été renversé ; les pierres de la chapelle dispersées ;
à leur place des casernes sont construites, et un soldat,
accomplissant aussi un devoir sacré, poursuit sa marche
régulière et monotone, là où jadis le moine priait dans les
grands cloîtres sombres.

Vannes. — Imprimerie Lafolye.

Reliure serrée

Contraste insuffisant

NF Z 43-120-14

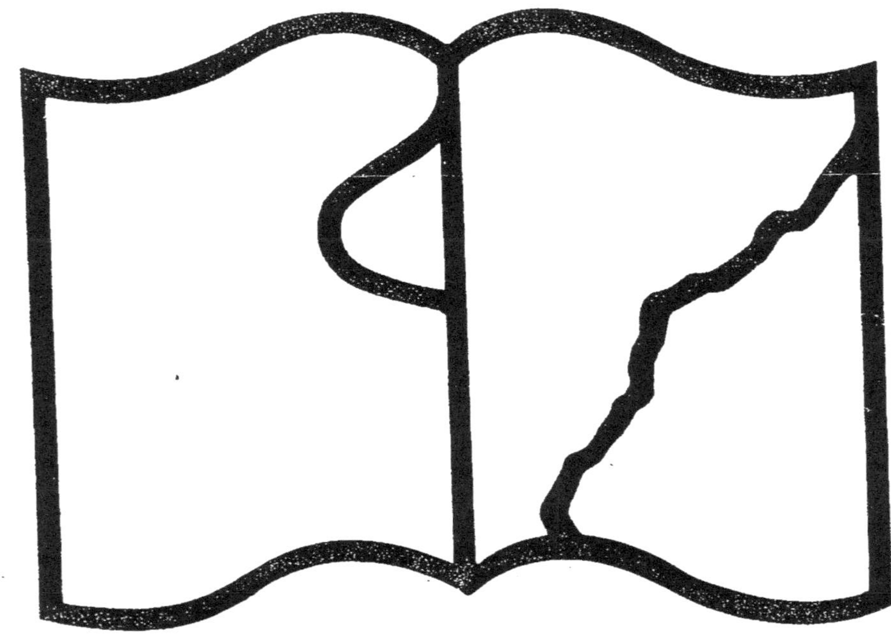

Texte détérioré — reliure défectueuse

NF Z 43-120-11